Für
_____

Von
_____

Christiane Schlüter

Goldene Hochzeit

1964
2014

Pattloch*

| Unser Jahr |

LEBENSFREUDE

Die Schnappschüsse beweisen es: Jung sind wir, verliebt und voller Vorfreude auf unsere gemeinsame Zukunft. Gern tanzen wir zusammen, zum Beispiel den Modetanz Twist, für den sich jetzt alle jungen Leute begeistern.

1964 – Wir heiraten

Fünf gemeinsame Jahrzehnte

◆

1964 haben wir unseren Bund fürs Leben geschlossen. Kaum zu glauben, dass dieses Ereignis schon 50 Jahre her ist. Manchmal scheint es uns immer noch, als sei das erst gestern gewesen. Unsere Hochzeit war der Höhepunkt einer ganz besonderen Zeit im Leben. Sie begann, als wir uns kennenlernten – in der Tanzstunde oder auf der Arbeit, bei Freunden oder vielleicht sogar schon in der Schule. Wann haben wir erkannt, dass wir füreinander bestimmt sind? Und wann haben wir es den anderen gesagt? So viele aufregende Momente gab es! Heute, 50 Jahre später, schauen wir auf jene Zeit zurück und sind dankbar für die gemeinsam verbrachten Jahre. Mit diesem Büchlein wollen wir uns gemeinsam erinnern und begeben uns auf eine vergnügliche Zeitreise ...

DER SCHÖNSTE TAG IM LEBEN

Diesen Moment gibt es nur einmal: Wir haben ja zueinander gesagt und treten nun, noch ganz im Bann des soeben Erlebten, aus der Kirche oder dem Standesamt, um uns fotografieren zu lassen.

Unsere Hochzeit

Ganz in Weiß

Der Tag bleibt unvergesslich

◆

Gibt es einen Junggesellenabschied, einen Polterabend? Wo feiern wir nach der Trauung, und wen, um Himmels willen, setzen wir beim Essen neben die schwierige Tante Käthe? Fragen über Fragen gilt es bei der Hochzeitsvorbereitung zu beantworten. Uns macht das Spaß, denn die ganze Anstrengung ist ja für den Tag gedacht, der der schönste in unserem Leben werden soll. Wir

Warum nicht?
In einer gemieteten Straßenbahn fährt diese Hochzeitsgesellschaft nach der Trauung zur Feier. So bekommen die von weit her angereisten Festgäste gleich eine bequeme Stadtführung, und die Passanten auf den Straßen können die Sonderfahrt bestaunen.

Eine neue Brautfrisur?
Von den 20er Jahren inspiriert sind diese kinnlangen Frisuren, die auf der Intercoiffeur 1964 in Stuttgart präsentiert werden. Die weichen Wellen nehmen den Pagenköpfen ihre Strenge.

besichtigen Gasthöfe und Säle, proben den Hochzeitswalzer und stellen unsere Garderobe zusammen. Die Braut trägt Weiß und gern einen Schleier überm hochgesteckten oder weich fallenden, kinnlangen Haar. Da in diesem Jahr Prinzesskleider modern sind, macht sie dann auch eine richtig gute Figur vorm Altar. Der Bräutigam beeindruckt im nagelneuen Anzug mit Krawatte dazu oder aber, wenn es vornehmer sein soll, sogar im Smoking. Schwarze Schuhe müssen natürlich sein. Am besten werden sie vor der Hochzeit schon mal eingelaufen, damit dann beim Tanzen nichts drückt. Auch die Blumenstreukinder werden hübsch eingekleidet und mit Körbchen voller Blüten ausgestattet. Die Blüten werden beim Auszug aus der Kirche verstreut, nach altem Aberglauben soll ihr Duft die Fruchtbarkeitsgötter gnädig stimmen.

Mit Blumen geschmückt
Voller Stolz und Freude tragen wir unseren Brautstrauß – und müssen uns doch am Hochzeitstag noch von ihm trennen: Am Ende der Feier wirft ihn die Braut über die Schulter mitten unter die noch unverheirateten weiblichen Gäste. Die ihn fängt, heiratet als Nächste, so heißt es.

Festlich gedeckt
Auch die Hochzeitstafel ist mit Gestecken verziert. Jetzt fehlt nur noch das Menü, auf das wir nach der Trauung vielleicht schon mit knurrendem Magen warten.

1964 Kino

Das sehen wir gern
Diebe und Liebe

◆

Die zarte Audrey Hepburn ist eine unserer Leinwandgöttinnen. In der Verfilmung des Musicals „My Fair Lady" spielt sie an der Seite von Rex Harrison als schrulligem Professor Higgins die Hauptrolle: ein Blumenmädchen, das zur vornehmen und gleichwohl herzensklugen Dame wird. Der Film kommt in unserem Hochzeitsjahr in die Kinos. Weniger was fürs Herz und nur für starke Nerven geeignet ist „Marnie", ein Thriller von Alfred Hitchcock. Im Dunkel des Kinos klammern wir jungen Frauen uns an unseren Liebsten, während wir schaudernd das Schicksal Tippi Hedrens als Kleptomanin Marnie verfolgen. Komisch übrigens: Das Klauen scheint Thema des Jahres zu sein. Wie anders ist es zu erklären, dass 1964 auch ein deutscher Film von einer – wenngleich nur vermeintlichen – Kleptomanin handelt? „Hilfe, meine Braut klaut" ist zwar eher harmlos gestrickt, aber Peter Alexander und Cornelia Froboess sehen wir als Leinwandpaar doch immer gern.

„HILFE, MEINE BRAUT KLAUT!"
Wenn gar nichts mehr hilft, werfe man sich die Liebste einfach über die Schulter. Peter Alexander und Conny Froboess in der Filmkomödie von 1964.

„MY FAIR LADY"

Acht Oscars und drei Golden Globes heimst die Musicalverfilmung mit Audrey Hepburn als Eliza Doolittle ein. Die deutsche Synchronfassung ist eine der teuersten jener Zeit.

1964 Musik

Das hören wir im Hochzeitsjahr

Unvergessliche Hits

Wie für ein Brautpaar gemacht scheinen die Songs, die in unserem Hochzeitsjahr an der Spitze der Hitparade stehen. „Rote Lippen soll man küssen", stellt Cliff Richard völlig zu Recht fest. In dem Lied fragt eine junge Braut ihren Liebsten jeden Abend, ob er sie auch künftig so küssen wird wie jetzt. Was für eine Frage, denken wir kopfschüttelnd und legen als Nächstes eine Elvis-Platte auf, die wir vielleicht erst kürzlich geschenkt bekommen haben. Der US-Amerikaner Elvis

Zweimal ein Mädchenschwarm
Elvis Presley (links) und der Brite Cliff Richard stehen auch hierzulande ganz oben in der Gunst junger Mädchen. „Rote Lippen soll man küssen" ist einer von drei Nummer-eins-Hits, mit denen Cliff Richard (hier im Film „Wonderful Life") in Deutschland Erfolg hat.

Presley ist jetzt nicht nur als Rocksänger ganz oben, sondern auch als Schauspieler erfolgreich. Er dreht vor allem Musikkomödien und bringt zu fast jeder eine Schallplatte heraus. Ja, und danach greifen wir bestimmt zu Siw Malmkvist. Denn die bezaubernde Schwedin gibt uns wirklich einen guten Rat, wenn sie singt: „Liebeskummer lohnt sich nicht, my Darling." Sie empfiehlt uns erstens, dass wir vergangenen Lieben nicht hinterherweinen sollen – was wir als glückliche Brautleute ohnehin nicht tun. Und zweitens rät uns Siw, dass wir Streitereien in der Ehe nicht tragisch nehmen sollen. Davon fühlen wir uns angesprochen, und wir nehmen uns fest vor, diesen Tipp auch zu beherzigen. 1964 kommt übrigens der Beatles-Film „A Hard Day's Night" in die Kinos. Doch das bekommen wir eher am Rande mit – zumal wir unsere Hochzeitsnacht natürlich niemals als „hard day's night" bezeichnen würden ...

Musikalisches Traumpaar
Die Dänin Gitte Hænning und der Deutsche Rex Gildo plazieren sich in unserem Hochzeitsjahr gleich mit mehreren Singles in den Hitparaden. Eine davon spricht uns so richtig aus dem Herzen, sie heißt: „Jetzt dreht die Welt sich nur um dich."

1964 Mode

Das trägt man jetzt
Weiß ist angesagt

Mit der Farbe des Brautkleides liegen wir in unserem Hochzeitsjahr voll im Trend: Weiß ist ganz in Mode, zusammen mit Schwarz. Das passt gut zu den klaren Schnitten und geometrischen Formen, die jetzt angesagt sind. Doch der Mondmädchen-Look von André Courrèges eignet sich nicht fürs Brautkleid. Da mögen wir's doch romantischer und freuen uns, dass, anders als im Vorjahr, die Taille wieder zu sehen sein darf. Fürs Standesamt oder die Hochzeitsreise nähen wir uns dann vielleicht ein schickes dreiteiliges Ensemble, wie es jetzt ebenfalls modern ist. Und der Bräutigam? Der fühlt sich alltags im gerade geschnittenen Sakko wohl. Die Jeans packt er in den Koffer, denn in der Freizeit sind sie, anders als auf der Arbeit, gern gesehen.

EXTRAVAGANT

Geometrische Formen, kurze Längen und flache weiße Stiefeletten: Hier stimmt alles. Nur in Sachen Kopfbedeckung braucht man André Courrèges vielleicht doch nicht unbedingt zu folgen.

WIE MOZART

Die Hose gewinnt weiter an Beliebtheit, sei es knielang im Mozartstil wie bei diesem Strickmodell oder aber als Hosenkleid mit Bügelfalte. Courrèges schießt auch hierbei den Vogel ab: Er präsentiert Hosen aus weißer Ölhaut.

1964 Urlaub

Flitterträume
Die Liebe reist mit

Leisten wir uns Flitterwochen? Wenn ja, so verbringen wir sie sehr wahrscheinlich in Deutschland – in Bayern, im Schwarzwald oder an den Küsten. Das jedenfalls sind nach wie vor die beliebtesten Reiseziele der Deutschen. Und wenn unsere Flitterwochen in die zweite Julihälfte fallen, dann können wir uns wegen der extremen Temperaturen sogar hier wie im fernen Süden fühlen. Für das Ausland führen Österreich und Italien die aktuelle Urlaubshitliste an. Dorthin gelangt man

Weißt du's?
Woher kommt das Wort „flittern"?
Auflösung Seite 45

Flittern am Wörthersee …
Warum nicht? Auf solch einem Segelboot lässt sich herrlich vom gemeinsamen Leben träumen, das nun beginnt.

meistens immer noch mit dem Auto oder aber mit der Bahn, die jetzt jeder dritte Bundesbürger für die Fahrt in den Urlaub nutzt. Und jeder zehnte wählt mittlerweile das Flugzeug, das ergibt im Vergleich zum Vorjahr eine Steigerung um 135 Prozent. Doch von einer Flugreise träumen die meisten von uns Jungverheirateten vorerst nur, ebenso von einer Fahrt zu den östlichen Ferienregionen, die nun im Kommen sind: an den Plattensee oder an die bulgarische Schwarzmeerküste. Vielleicht entdecken wir ja auch das Campen für uns und sparen auf die Anschaffung eines eigenen Wohnwagens. Das mobile Ferienheim ist immer noch sehr beliebt, und wenn wir uns tatsächlich eines kaufen, so haben wir die Wahl zwischen 285 verschiedenen Ausführungen, von sparsamen drei bis luxuriösen sechs Metern Länge.

Mindestens vier Arbeitswochen Urlaub haben wir pro Jahr

Ein Liebesnest
Ganz ungestört ist man als Paar in einer solchen Almhütte. Im Juli lässt es sich sogar im Freien schlafen, nur unterm Sternenhimmel, der auf dem Land ja viel besser zu sehen ist als in der Stadt.

Reiseträume
Verlockend sieht die Werbung für einen Urlaub im schweizerischen Interlaken aus. Aber können wir uns so etwas schon leisten?

1964 Wohnen

Wir richten uns ein
Hauptsache schnörkellos

Wir haben wirklich Glück! Noch 1963 hatte es so ausgesehen, als ob die Mieten bald frei bestimmbar sein sollten. Doch in unserem Hochzeitsjahr beschließt die Bundesregierung, dass die Mietpreisbindung weiterhin gelten soll. Zu knapp ist nach wie vor der Wohnraum, vor allem in den großen Städten, wohin es jetzt immer mehr Menschen zieht. Auch wir jungen Leute müssen vielleicht, wenn wir eine für uns erschwingliche Wohnung finden, noch ein Zimmer an einen Untermieter abtreten. Zumindest so lange, bis wir es dann für unseren Nachwuchs benötigen. Unser erstes eigenes Heim richten wir uns so modern wie möglich ein: in kräftigen Farben wie Rot, Blau, Gelb und Grün, dabei streng und sachlich, ohne Verzierungen und Schnörkel. Das ist nicht immer leicht, denn für große Anschaffungen fehlt oft noch das nötige Geld. Aber für einen Couchtisch mit Glasplatte oder ein modernes Regal aus offenen und geschlossenen Elementen reicht es vielleicht doch. Oder zumindest für einen schicken Sessel in der jetzt angesagten Form, mit bleistiftdünnen Beinen, damit's schön luftig wirkt. Und wenn ein Übernachtungsgast kommt, klappen wir einfach die praktische neue Bettcouch aus, die uns tagsüber als Sofa dient.

Weißt du's?
Nach welcher Stadt heißt der ausladend-schnörkelige Wohnstil, der jetzt ausgedient hat?
Auflösung Seite 45

SACHLICH

In einer modernen, aufgeräumten Küche wie dieser lässt sich wunderbar arbeiten. Da macht das Kochen gleich noch mal so viel Spaß.

BLICKFANG

Ein Hingucker in diesem modernen Wohnzimmer ist der offene Kamin.

1964 Stars

Für sie schwärmen wir
Unsere Idole

Die meisten unserer Stars kennen wir von der Leinwand oder vom Fernsehbildschirm: Cornelia Froboess, Peter Alexander und Lilo Pulver, die einmal sogar für einen Golden Globe Award nominiert wurde. Auf die USA richten denn auch die meisten von uns ihre Blicke. Was aus Amerika kommt, ist einfach schick. Und so schwärmen die Männer für Elizabeth Taylor oder Kim Novak und die Frauen für Marlon Brando, Elvis Presley oder Gregory Peck. Da jedoch all diese Menschen Stars sind, wissen wir genau: Sie bleiben uns im wahren Leben fern. Was auch nichts macht, denn glücklich sind wir ja schon mit jemand anderem …

Traumpaar
Rock Hudson und Doris Day lieben und bekriegen einander in „Ein Pyjama für zwei" (1961) und „Schick mir keine Blumen" (1964) – Filme, mit denen das bewährte Konzept aus „Bettgeflüster" (1959) fortgesetzt wird.

Barbra startet durch
In dem Broadway-Musical „Funny Girl" feiert die US-Amerikanerin Barbra Streisand 1964 einen großen Erfolg. Im selben Jahr gewinnt sie zwei Grammys für ihr Debütalbum aus dem Jahr 1963.

1964 Essen

Feinschmecker im Trend
Pute, Pizza, Pasta

Was kommt in unserer jungen Ehe auf den Tisch? Für die Küche ist ja überwiegend noch sie zuständig, aber sie wird natürlich das kochen, was ihm schmeckt. Und das ist nicht mehr unbedingt die gute alte Hausmannskost. Auf Reisen und durch Besuche in den jetzt modernen Pizza-, Balkan- und Chinarestaurants sind wir auf den Geschmack fürs Exotische gekommen. Pute statt Klops, Pasta statt Kartoffeln und Fischtopf statt Eintopf stehen nun auf der Speisekarte.

Zum Fernsehen
Massenweise Salzstangen, Chips, Flips und würzige Kekse werden beim Fernsehen geknabbert. Weil das durstig macht, steigt auch der Bierverbrauch weiter an – auf über 120 Liter pro Kopf.

Immer beliebter
Pizza mögen immer mehr Deutsche. In wenigen Jahren wird es auch die ersten Tiefkühlpizzen zu kaufen geben – der Trend kommt, wie viele andere, aus den USA.

1964 Ehe

Die Rollen sind festgelegt
Zwischen Haushalt und Beruf

Immer mehr Frauen gehen jetzt außer Haus arbeiten, und das nicht nur aus finanziellen Gründen. Just in unserem Hochzeitsjahr kommt nämlich ein neuer Slogan auf: Die „moderne Frau" wird bewundert, die neben dem Haushalt gern erwerbstätig ist, weil es ihr Abwechslung und neue Erfahrungen bietet. Allerdings, so sagt es noch bis 1977 das Gesetz, darf eine Ehefrau nur dann arbeiten gehen, wenn Haushalt und Familie nicht darunter leiden. Dass mittlerweile auch Teilzeitarbeit möglich ist, kommt ihr dabei zugute. Schließlich will sie die Kinder nicht vernachlässigen und deren Entwicklung aus der Nähe miterleben – etwas, worauf wiederum die Väter verzichten müssen, ob sie nun wollen oder nicht, denn die Männer verbringen ausnahmslos noch den ganzen Werktag in der Fabrik oder im Büro. 50 Jahre später blicken wir auf jene Zeit zurück und sind glücklich, dass wir so gut zusammengehalten und unsere unterschiedlichen Aufgaben miteinander gemeistert haben.

„SEIN" REICH
Der Mann geht ins Büro oder in die Fabrik. Mit seiner Arbeit soll er die Familie ernähren können, so ist es immer noch vorgesehen.

Weißt du's?
Wie viele Tage hat eine Arbeitswoche 1964?
Auflösung Seite 45

SEKRETÄRIN WERDEN

Das ist eine der beliebtesten Perspektiven für Frauen, die erwerbstätig sein wollen. 1964 entscheiden sich 38 Prozent aller verheirateten Frauen für eine Arbeit außer Haus. Bei den unter 25-jährigen liegt die Quote sogar bei 52 Prozent.

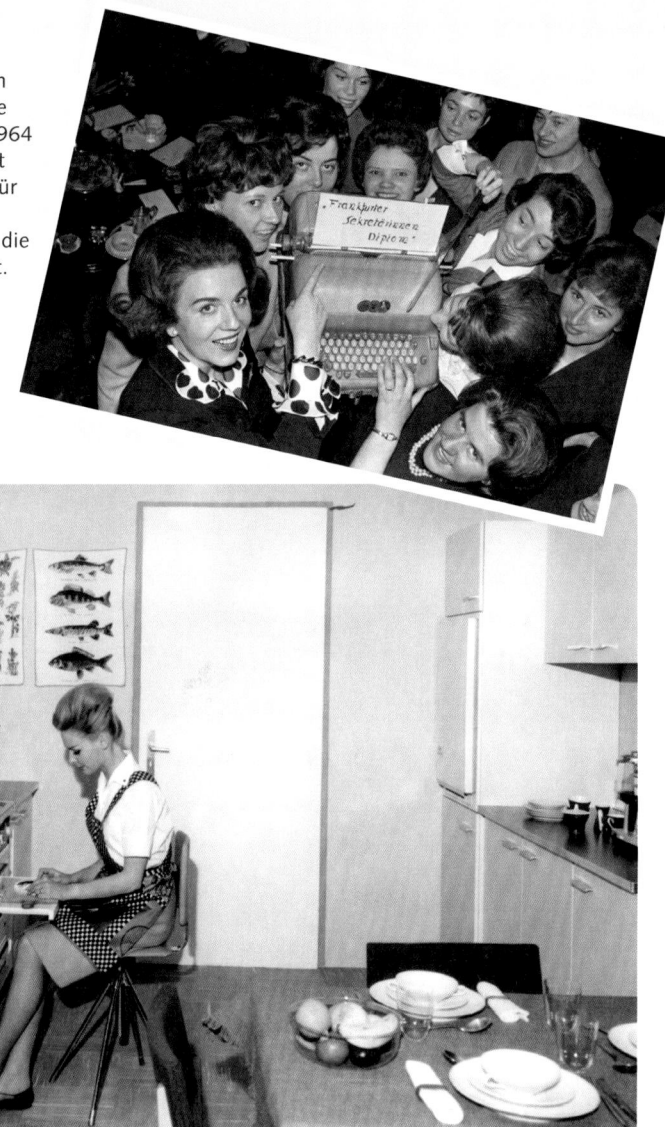

„IHR" REICH

Die Küche ist vor allem das Reich der Frau. Auch wenn sie außer Haus arbeitet, hat sie doch darauf zu achten, dass daheim alles seine Ordnung hat.

1964 Ereignisse

Hochzeiten des Jahres
Diese Promis heiraten auch

1964 ist vorrangig unser Hochzeitsjahr. Aber wir teilen es gern mit einer Reihe von Paaren, die sich ebenfalls jetzt das Jawort geben. Freilich hat die Ehe nicht bei allen gehalten, anders als bei uns. Schauen wir mal, welche Promis 1964 zusammen mit uns unter die Haube gekommen sind! So manche der hier versammelten Geschichten ist durchaus filmreif. Und wir werden uns beim Lesen noch einmal bewusst, wie schön es ist, dass wir noch immer zusammen sind!

Elizabeth Taylor & Richard Burton

Als ägyptische Königin und Marcus Antonius verlieben sie sich während der Dreharbeiten zum Historienfilm „Cleopatra" 1961 ineinander. Da sie beide bereits verheiratet sind, bedeutet ihre Liaison einen Skandal. 1964 heiraten Elizabeth Taylor und Richard Burton. Nach zehn Jahren werden sie geschieden, heiraten aber 1975 erneut. Diese zweite Ehe hält nur ein Jahr.

König Konstantin II. & Prinzessin Anne-Marie

In der Kathedrale von Athen werden der griechische König Konstantin II. und die dänische Prinzessin Anne-Marie getraut. Die Ehe hält, trotz vielen Belastungen: Nach einem Militärputsch 1967 und dem erfolglosen Gegenputsch geht der König mit seiner jungen Familie ins Exil.

Prinzessin Irene & Prinz Carlos Hugo

In Rom heiraten die niederländische Prinzessin Irene und Prinz Carlos Hugo von Bourbon-Parma. Damit verliert die Prinzessin ihre Zugehörigkeit zum Königshaus. Das Paar, das zwei Söhne und zwei Töchter bekommt, wird 1981 wieder geschieden.

Marika Kilius & Werner Zahn

Viele sahen ja die „Eisprinzessin" mit Partner Hans-Jürgen Bäumler vorm Traualtar. Aber im echten Leben ist es der Frankfurter Industriellensohn Werner Zahn, den sich Marika Kilius erwählt.

Petra Krause & Uwe Nettelbeck

Die Fernsehansagerin Petra Krause und der Journalist Uwe Nettelbeck begründen eine Familie und einen Verlag. Später gehen sie nach Frankreich. Sie bekommen zwei Töchter, die jüngere ist die Regisseurin Sandra Nettelbeck.

Peter Sellers & Britt Ekland

Acht Tage nachdem sie einander kennengelernt haben, heiraten der britische Schauspieler Peter Sellers und Britt Ekland. Die Schwedin war von einem Talentscout zu Sellers geschickt worden. Drei Jahre später wird Tochter Victoria geboren. Die Ehe hält bis 1968. Sellers, der bereits einmal verheiratet war, wird noch zweimal heiraten, Ekland noch einmal.

1964 Familie

Wir wünschen uns Nachwuchs
Ein Baby wäre schön

Eine Familie gründen, das ist für die meisten jungen Paare in unserem Alter das höchste Ziel. Wir sind glücklich, wenn sich Nachwuchs ankündigt, und fest nehmen wir uns vor, unseren Kindern alles mitzugeben, was sie auf ihrem Weg ins Leben benötigen. Der Staat freut sich ebenso über neue Erdenbürger und fördert Geburten mit jährlich 300 DM für das zweite Kind und mindestens 480 DM für das dritte Kind sowie mit Steuerfreibeträgen. In unserem Hochzeitsjahr

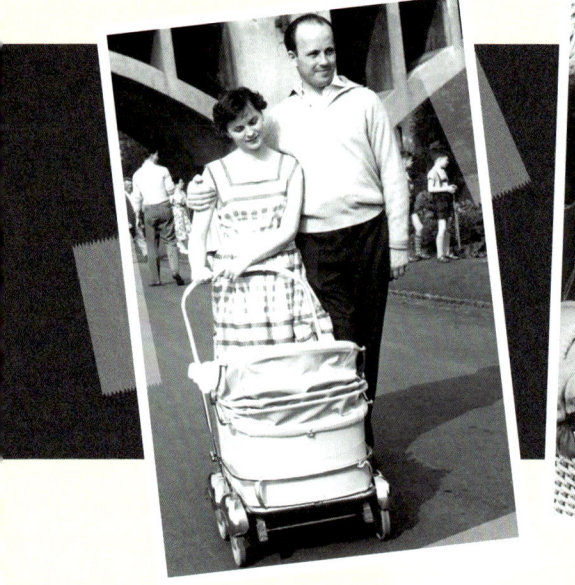

Sonntags zu dritt
Ein Spaziergang mit Kinderwagen gehört hoffentlich schon bald zu unseren Freizeitvergnügen.

Wie süß!
Solch ein Foto wünschen wir uns auch für unser Familienalbum, das wir jetzt anlegen. Wir wollen liebevolle Eltern sein, unser Kind aber nicht zu sehr verwöhnen.

werden dank des anhaltenden wirtschaftlichen Aufschwungs in der Bundesrepublik 1 065 379 Babys geboren, das ist Rekord. Ab 1966 wird zwar aufgrund der seit 1961 in Deutschland verfügbaren Pille die Geburtenrate sinken. So weit, dass man für das Jahr 1968 vom sogenannten Pillenknick spricht. Aber unsere Kinder werden auf jeden Fall noch viele Spielkameraden finden – und später auf dem Arbeitsmarkt eine Menge Durchsetzungskraft brauchen. All das liegt natürlich vorerst noch in weiter Ferne. Erst einmal malen wir uns unser Familienleben in den schönsten Farben aus und machen uns Gedanken darüber, wie wir als Mama und Papa sein möchten.

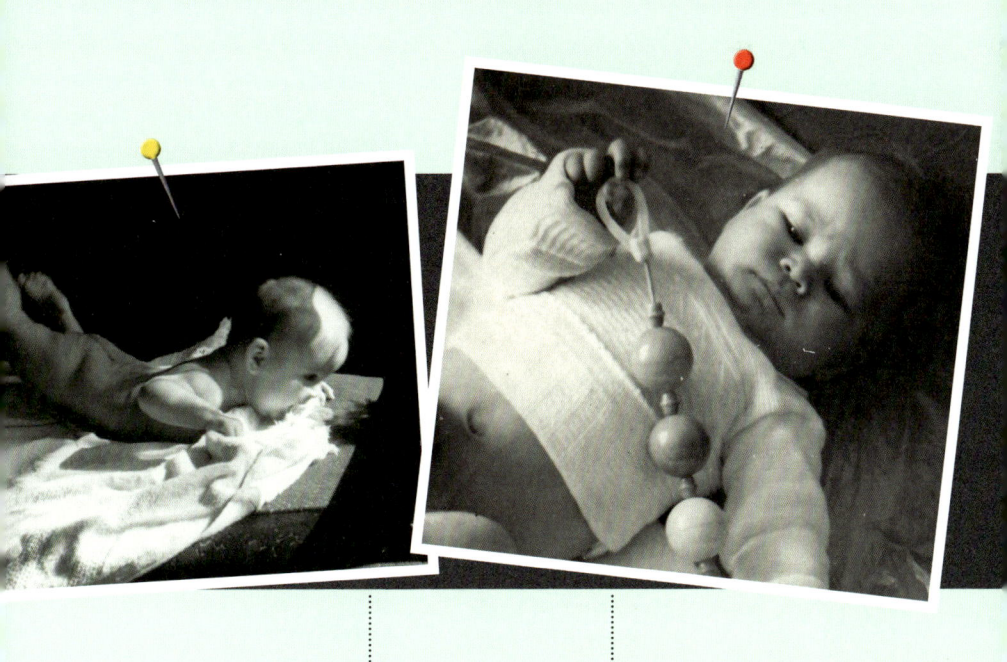

Namensideen fürs Wunschkind

Thomas oder Sabine – so werden wir unser erstes Kind vermutlich nennen, wenn es bis 1966 geboren wird. Das sind zu dieser Zeit die absoluten Lieblingsnamen. 1967 wird Sabine dann von Claudia abgelöst, aber Thomas behauptet sich weiter auf dem ersten Platz. Andere Namen, die junge Eltern jetzt schön finden, sind Michael, Andreas, Stefan und Frank für Jungen und Susanne, Andrea und Petra für Mädchen.

1964 Fernsehen

Unsere Lieblingssendungen
Wir raten, fiebern und lachen mit

◆

Vielleicht gehören ja auch wir schon zu den glücklichen Besitzern eines Fernsehers! Im Jahr 1964 ist zumindest bereits jeder zweite Haushalt damit ausgerüstet. Gern sind wir dann abends Gastgeber für unsere Nachbarn und schauen gemeinsam eine Rateshow wie Peter Frankenfelds „Vergißmeinnicht" und Hans-Joachim Kulenkampffs „Einer wird gewinnen" oder aber einen Krimi wie die US-Serie „77 Sunset Strip" an.

Bei den Programmen gibt es freilich, im Vergleich zu heute, noch wenig Auswahl. Seit dem Vorjahr sendet das Zweite Deutsche Fernsehen (ZDF). Hier warnt zum Beispiel Eduard Zimmermann vor „Neppern, Schleppern, Bauernfängern", die im Alltag ahnungslose Bürger betrügen. Viele Episoden der Serie, etwa zum Thema Haustürgeschäfte, werden nachgespielt. Den Schluss der Sendung bildet stets eine heimlich gefilmte Szene, bei der Passanten auf ihre Leichtgläubigkeit hin getestet wurden.

In Bayern und Hessen bietet die ARD jetzt auch dritte Programme an. Seit 1960 gibt es außerdem ein spezielles Nachmittagsprogramm: Montags und donnerstags läuft eine Kinderstunde, und mittwochs wird eine Sendung für Frauen ausgestrahlt. Uns genügt diese Auswahl völlig, wir kennen es ja nicht anders.

ANSAGERIN

Die 21-jährige Edelgard Stössel sagt, im Wechsel mit Victoria Voncampe, das Programm des ZDF an. Fernsehansagerinnen sind sehr populär und auch modisch stets ein Vorbild.

GERN GESEHENE FREUNDE

Die Familie Cartwright mit dem unbekümmerten Little Joe (Michael Landon), dem altersweisen Papa Ben (Lorne Greene) und dem dicken Hoss (Dan Blocker, v. li.) ist ein Muss. Jeden Sonntag erleben wir vor dem Fernseher die Abenteuer auf der Ponderosa mit.

1964 Konsum

Duftende Produkte

Alles für den kleinen Luxus bei uns zu Hause

Die Werbung verspricht uns jetzt vor allem eins: den erschwinglichen kleinen Luxus im Alltag. Und wir greifen gern zu, freuen uns über die vielen wohlriechenden Produkte, mit denen wir uns und unsere Umgebung pflegen und verschönern. Von der Verletzlichkeit der Ozonschicht ahnen wir noch nichts, wenn wir in unserem Hochzeitsjahr zur Spraydose greifen. Zwölf Zerstäuberdosen verbraucht jeder Haushalt 1964, ein Drittel mehr als im Jahr zuvor. Wir besprühen Haare und Möbel, Christbäume, Kaminholz, Insekten und – mit Trockenshampoo – sogar Hunde. „Taft sprüht zum Halt jetzt auch die Pflege", betexten die Werbeleute ein Haarspray und liefern damit schon eine aus dem Reklameeinerlei herausragende Leistung. Die Werbung ist nämlich 1964 ziemlich einfallslos. Ob Rum oder Zigaretten – alles „schmeckt". Glänzer macht den Boden – na, was wohl? – glänzend, und dass CARO-Kaffee das moderne Getränk für moderne Menschen ist, besagt auch nicht viel. Doch wir Konsumenten sind da nicht pingelig. Wir teilen uns unser Geld gut ein, kaufen gern im Supermarkt und freuen uns, dass sich ab diesem Jahr die von der Bundesregierung ins Leben gerufene Stiftung Warentest um unser Wohl als Verbraucher kümmert.

Weißt du's?
In wessen Auftrag arbeitet die Stiftung Warentest?
Auflösung Seite 45

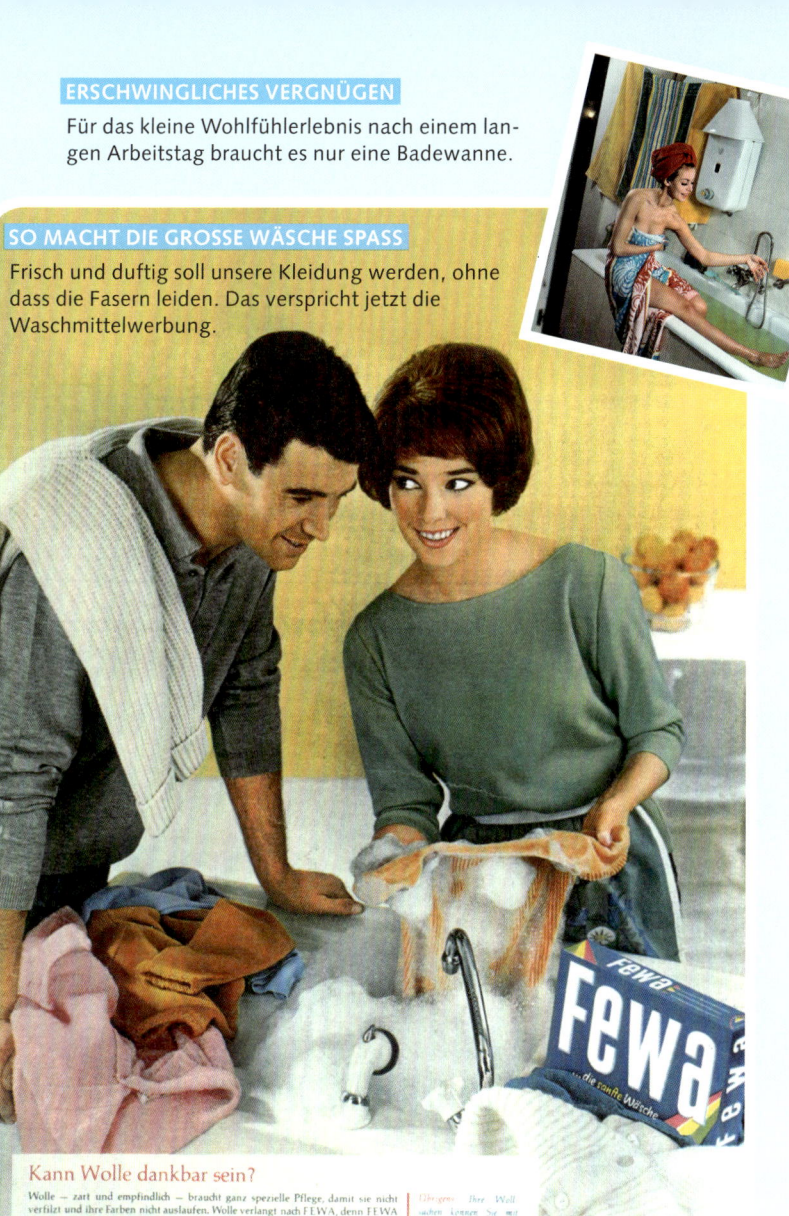

ERSCHWINGLICHES VERGNÜGEN
Für das kleine Wohlfühlerlebnis nach einem langen Arbeitstag braucht es nur eine Badewanne.

SO MACHT DIE GROSSE WÄSCHE SPASS
Frisch und duftig soll unsere Kleidung werden, ohne dass die Fasern leiden. Das verspricht jetzt die Waschmittelwerbung.

Kann Wolle dankbar sein?
Wolle – zart und empfindlich – braucht ganz spezielle Pflege, damit sie nicht verfilzt und ihre Farben nicht auslaufen. Wolle verlangt nach FEWA, denn FEWA ist frei von optischen Aufhellern und allen Stoffen, die der Wolle und ihren Farben schaden könnten. FEWA-gepflegt bleiben Wollsachen duftig, griffig-weich und hautgenehm. Die Farben leuchten wie am ersten Tag.
Für Wolle, wie für alles Feine, alles Zarte, was häufiger gewaschen wird – so schnell mal zwischendurch, im Badezimmer oder in der Küche – FEWA! Es gibt nichts Besseres!

Übrigens: Ihre Wollsachen können Sie mit FEWA so waschen, wie es Ihnen angenehm ist – handwarm oder kalt. Auch in kaltem Wasser ist FEWA voll wirksam.

Alles Feine braucht FEWA!

1964 Sport

Boxen und Olympiade
Titelkämpfe überall

♦

„Ich bin der Größte", lässt der US-amerikanische Boxer Cassius Clay die ganze Welt wissen, bevor er am 25. Februar in Miami Beach gegen den Favoriten und bisherigen Weltmeister im Schwergewicht Sonny Liston antritt – und gewinnt. In den Kinos und vor dem Fernseher verfolgen Millionen Menschen den Kampf. Ebenfalls im Februar finden in Innsbruck die Olympischen Winterspiele statt, bei denen auch das deutsche Eislauf-Traumpaar Marika Kilius und Hans-Jürgen Bäumler immerhin Silber holen. Im Oktober folgen dann die Sommerspiele in Japan. 7 Gold-, 11 Silber- und 13 Bronzemedaillen bringen die westdeutschen Athleten heim. Wir haben ihnen die Daumen gedrückt und freuen uns nun mit ihnen.

Europameister
Gustav „Bubi" Scholz (re.) schlägt am 4. April in Dortmund den Titelverteidiger Giulio Rinaldi. Allerdings gewinnt Scholz, weil sein Gegner wegen eines Nierenschlags disqualifiziert wurde, und das ist ihm bei aller Freude über den Sieg nicht so recht.

„König der Leichtathleten"
Sportstudent Willi Holdorf aus Leverkusen holt für Deutschland die Goldmedaille im Zehnkampf auf dramatische Weise: Beim abschließenden 1500-m-Lauf kann er auf den letzten Metern nur noch taumeln und bricht hinter dem Ziel fast bewusstlos zusammen.

**1964
Freizeit**

Zu zweit oder im Verein
Immer in Bewegung

Kegeln, schwimmen, Fußball spielen, wandern – vorzugsweise sportlich verbringen wir unsere freie Zeit. Und von der haben wir auch immer mehr: Nur rund achteinhalb Stunden des Tages gehören noch der Arbeit. Um unsere Interessen zu pflegen, treten wir gern einem der vielen Vereine bei, die es an jedem Wohnort gibt. Ihre Mitgliederzahlen schnellen jetzt in die Höhe. Aber auch zu Hause sind wir gesellig, laden uns Freunde ein und verbringen so manchen Abend in lustiger Runde im Wohnzimmer. Statistiker werden später sagen, dass in unserem Hochzeitsjahr 28 Prozent aller Deutschen einmal im Monat eine Party geben oder eine besuchen.

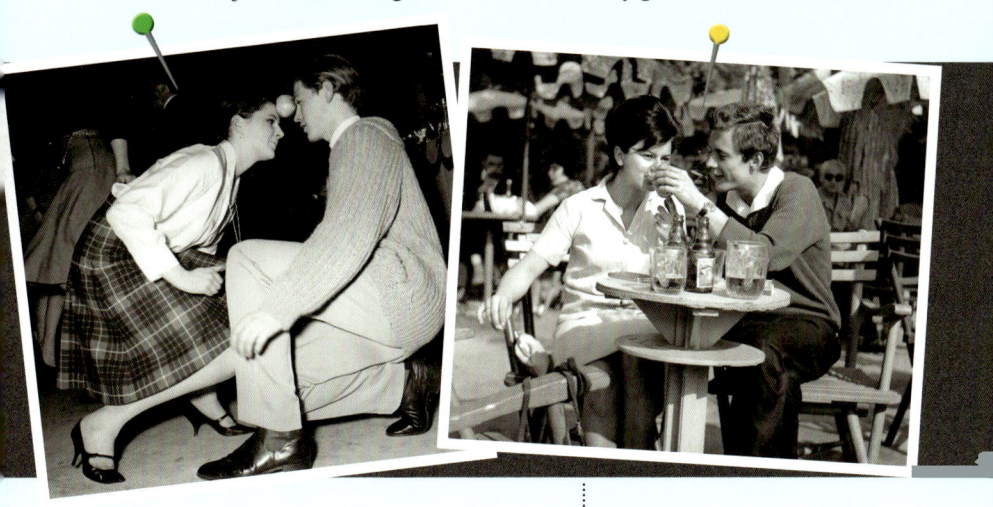

Schwungvoll
Tanzen gehört immer noch zu unserer Lieblingsbeschäftigung. Solange kein Nachwuchs da ist, können wir uns an den Wochenenden unbeschwert diesem Vergnügen hingeben.

Im Straßencafé
Beim Stadtbummel müssen wir uns zwischendurch stärken. Besonders gern lassen wir uns natürlich im Freien nieder, um das bunte Treiben auf den Straßen so richtig zu genießen.

1964 Zeitreise

Bedeutende Ereignisse

Was 1964 die Menschen bewegt

Ausgezeichnet

Der US-Amerikaner Martin Luther King erhält den Friedensnobelpreis. Im selben Jahr wird die Rassentrennung in den USA per Gesetz aufgehoben. 1963 hatte der Pastor und Bürgerrechtler in seiner legendären Rede „I have a dream" – „Ich habe einen Traum" in Washington D.C. vor mehr als 250 000 Menschen ein Ende der Rassendiskriminierung gefordert.

Westbesuch

Zum zweiten Mal dürfen jetzt Westdeutsche und Westberliner ihre Verwandten in der DDR besuchen. Das neue Passierscheinabkommen macht's möglich. Wer in die DDR fährt, nimmt mit, was dort schwer zu haben ist: Kaffee und Apfelsinen zum Beispiel. Allerdings müssen Westdeutsche mittlerweile mindestens fünf Mark pro Tag umtauschen, Westberliner immerhin drei Mark.

„Europa-Jet"

Als einzige Luftfahrtgesellschaft in Europa nimmt die Lufthansa zwei Boeing 727 „Europa-Jet" für Mittelstreckenflüge auf dem Kontinent in Betrieb. Die Maschinen fliegen bis zu 930 km/h, können eine Strecke von maximal 2880 Kilometern zurücklegen und sogar auf kurzen Rollbahnen landen.

Verlegt

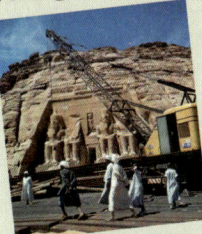

Die berühmte Tempelanlage von Abu Simbel in Südägypten wird jetzt mit Hilfe von Kränen und Baggern Stück für Stück demontiert. Sie muss dem künstlichen See weichen, der durch den neuen Assuan-Staudamm entsteht. 1968 wird die Tempelanlage an einer höher gelegenen Stelle fertig aufgebaut stehen.

Verabschiedet

Josef „Sepp" Herberger nimmt mit 67 Jahren seinen Abschied als Fußballbundestrainer. Die Deutschen gewannen mit ihm 94 Länderspiele. 1954 führte er die Nationalmannschaft zur Fußballweltmeisterschaft. „Der Ball ist rund, und ein Spiel dauert 90 Minuten", dieser lapidare Spruch wird ihm zugeschrieben. Herbergers Trainermotto lautete: „Fußball lernt man nur durch Fußball."

Umstritten

„Das Schweigen" von Ingmar Bergman kommt in die Kinos und erregt wegen darin enthaltener Sexszenen Empörung in konservativen und kirchlichen Kreisen, die mit Flugblättern über die vermeintliche Anstößigkeit des Films aufklären. In Deutschland ist der Film jedoch unzensiert ab 18 freigegeben.

1964–1980

50 Jahre im Zeitraffer

Ein halbes Jahrhundert voller Freud und Leid

Viel ist geschehen in den 50 Jahren, die wir zusammen verbracht haben. Wir haben Schönes und Schwieriges erlebt, Freud und Leid geteilt und auch die großen geschichtlichen Ereignisse aufmerksam mitverfolgt. Auf den folgenden Seiten lassen wir einige davon Revue passieren. Sie erinnern uns daran, wie sich die Erde weitergedreht hat, während wir auf ihr gemeinsam unseren Lebensweg gegangen sind.

Unser Hochzeitsfoto

1964 Wir heiraten

1966 England wird Fußballweltmeister. Im Rhein taucht ein Weißwal namens „Moby Dick" auf.

1968 In der ČSSR wird der Prager Frühling niedergeschlagen. In vielen Ländern gehen die Studenten für eine freiere Gesellschaft auf die Straße.

1970 Willy Brandts spontaner Kniefall vor dem Ehrenmal des Warschauer Ghettos wird zum Symbol für die neue Ostpolitik.

1964   1965   1966   1967   1968   1969   1970   1971

1965 Sergio Leones „Für eine Handvoll Dollar" mit Clint Eastwood und Marianne Koch eröffnet die Reihe der Italowestern.

1967 Der Zeichentrickfilm „Das Dschungelbuch" kommt in die Kinos. Christiaan Barnard gelingt die erste Herztransplantation. In Amerika und Europa feiern die Hippies den „Summer of Love".

1969 Neil Armstrong betritt als erster Mensch den Mond. In Deutschland wird Willy Brandt Kanzler der ersten sozialliberalen Bundesregierung.

1971 Greenpeace und Ärzte ohne Grenzen werden gegründet – zwei Organisationen, die den Gedanken des Umweltschutzes und des Friedens dienen. In München wird Deutschlands erste McDonald Filiale eröffnet.

Der reiche Schnösel und die ehrgeizige Radcliffe-Zicke – so sehen Oliver und Jenny einander in Erich Segals Roman „Love Story" (1970) zunächst. Schon bald jedoch verlieben sie sich, allen Klassenunterschieden zum Trotz. Sie heiraten, doch ihr Glück endet tragisch früh, als Jenny an einer unheilbaren Krankheit stirbt. Die Romanverfilmung mit Ryan O'Neal und Ali MacGraw kommt noch im Erscheinungsjahr des Buches in die Kinos und sorgt dafür, dass diese beiden Liebenden ebenso unvergesslich bleiben wie Romeo und Julia.

1975 Das Volljährigkeitsalter wird in Deutschland von 21 auf 18 Jahre herabgesetzt. Bill Gates und Paul Allen gründen die Firma Microsoft. Mit dem US-Spielfilm „Der weiße Hai" kommt der erste „Blockbuster" (dt.: „Straßenfeger") in die Kinos.

1978 Nachdem Papst Paul VI. gestorben ist, wird Johannes Paul I. sein Nachfolger – und stirbt nach 33 Tagen. Ihm folgt Karol Wojtyła als Johannes Paul II. auf den Stuhl Petri. In London wird das erste Retortenbaby geboren.

1972 Bei den Olympischen Sommerspielen in München nehmen palästinensische Terroristen elf israelische Sportler als Geiseln. Die Befreiung endet mit dem Tod aller Geiseln und sechs weiterer Menschen.

1976 Die DDR bürgert den regimekritischen Liedermacher Wolf Biermann aus, als dieser ein Konzert in Köln gibt. Steve Jobs, Steve Wozniak und Ronald Wayne gründen die Firma Apple.

1979 Reinhold Messner und Michael Dacher besteigen ohne Sauerstoffgeräte den zweithöchsten und schwierigsten Berg der Welt, den K2.

1973 **1974** **1975** **1976** **1977** **1978** **1979** **1980**

1973 In Deutschland finden vier autofreie Sonntage statt.

1974 Deutschland richtet die Fußballweltmeisterschaft aus und siegt im Endspiel 2:1 über die Niederlande. Bundeskanzler Willy Brandt tritt infolge der Guillaume-Affäre zurück.

1977 Nach der Geiselbefreiung von Mogadischu ermordet die Rote Armee Fraktion (RAF) Hanns Martin Schleyer.

1980 Die Danziger Werftarbeiter streiken, daraus entsteht die polnische Gewerkschaft Solidarnosc. In Niedersachsen errichten Atomkraftgegner die Republik Freies Wendland.

1981 – 1997

1987 Matthias Rust landet mit einer Cessna auf dem Roten Platz in Moskau. Thomas Gottschalk moderiert erstmals „Wetten, dass …?" Erich Honecker besucht als erster DDR-Staatschef die Bundesrepublik.

1982 Helmut Kohl (CDU) wird Bundeskanzler. Sein Vorgänger Helmut Schmidt (SPD) ist infolge eines Misstrauensvotums nach dem Scheitern seiner sozialliberalen Koalition zurückgetreten.

1983 Der „Stern" kauft die „Hitler-Tagebücher", die sich bald als Fälschung erweisen. Die Grünen ziehen in den Deutschen Bundestag ein. „Die Rückkehr der Jedi-Ritter", Teil VI und dritter Film der Star-Wars-Reihe von George Lucas, kommt in die Kinos.

1985 Michail Gorbatschow wird neuer Generalsekretär der KPdSU. Seine neue Politik von Glasnost und Perestroika läutet einen Wandel im Ostblock ein.

1989 Wir feiern Silberhochzeit! Am 9. November fällt in Berlin die Mauer, nachdem immer mehr DDR-Bürger über Drittstaaten ausgereist sind oder aber in der DDR für mehr Freiheit und Demokratie demonstriert haben.

1981 — **1982** — **1983** — **1984** — **1985** — **1986** — **1987** — **1988**

1984 In der Bundesrepublik startet das Privatfernsehen. Die sich ausweitende Hungersnot in Äthiopien wird insgesamt eine halbe bis eine Million Menschenleben fordern. Der Musiker Bob Geldof startet daraufhin das Band-Aid-Projekt.

1986 Umweltkatastrophen allenthalben: Im Kernkraftwerk Tschernobyl in der heutigen Ukraine explodiert ein Reaktorblock. Nach einem Großbrand im Basler Chemiekonzern Sandoz wird der Rhein mit Löschwasser verseucht.

1988 Steffi Graf gewinnt alle vier Grand-Slam-Turn[iere] und holt Gold bei der Olympiade. D[as] Geiseldrama von Gladbeck erschüt[tert] die Deutschen un[d] weckt Kritik am V[er]halten der Medien.

1981 Medienereignis des Jahres wird die Hochzeit von Lady Diana und Prinz Charles. Aids wird als epidemische Krankheit anerkannt.

1991 Das schmelzende Eis in den Südtiroler Alpen gibt eine Mumie aus der späten Jungsteinzeit frei (Foto: Rekonstruktion). Sie wird Ötzi genannt. In Deutschland fährt der erste ICE.

1993 Bill Clinton wird neuer Präsident der USA. Deutschland bekommt fünfstellige Postleitzahlen. Im Dezember treten bei einem Jahrhunderthochwasser Rhein und Mosel über die Ufer.

1995 Christo und Jeanne-Claude verhüllen den Berliner Reichstag. Ein israelischer Extremist ermordet den israelischen Ministerpräsidenten Jitzchak Rabin. Beim Massaker von Srebrenica werden geschätzt 8000 Bosnier ermordet.

1997 Prinzessin Diana stirbt bei einem Verkehrsunfall. Der erste Harry-Potter-Band „Harry Potter und der Stein der Weisen" erscheint in Großbritannien. Als erster Deutscher gewinnt Jan Ullrich die Tour de France.

1990 **1991** **1992** **1993** **1994** **1995** **1996** **1997**

1990 Am 3. November ist Deutschland wiedervereint. Kurz zuvor wurden die Deutschen zum dritten Mal Fußballweltmeister.

1992 Der Maastricht-Vertrag über die Europäische Union wird unterzeichnet. Hans-Dietrich Genscher tritt nach 18 Jahren als Außenminister zurück.

1994 In Ruanda sterben fast eine Million Menschen durch Völkermord. Michael Schumacher gewinnt als erster Deutscher die Formel-1-Weltmeisterschaft.

1996 Der Hamburger Mäzen Jan Philipp Reemtsma wird entführt und nach 32 Tagen befreit. In Deutschland dürfen die Geschäfte jetzt wochentags bis 20 Uhr geöffnet sein.

1998–2014

1999 Johannes Rau wird Nachfolger von Bundespräsident Roman Herzog. Deutschland beteiligt sich im Rahmen der NATO-Verpflichtungen am Kosovo-Krieg. Am 11. August herrscht eine totale Sonnenfinsternis in Europa.

2001 Am 11. September lenken Terroristen zwei entführte Flugzeuge ins World Trade Center. Beim Einsturz der Türme sterben mehr als 3000 Menschen.

2003 Im dritten Golfkrieg wird Iraks Diktator Saddam Hussein gestürzt. Deutschland erlebt einen Jahrhundertsommer. Die infektiöse Lungenkrankheit SARS wird zur Pandemie.

2006 Die Fußball-WM in Deutschland wird zum „Sommermärchen", und die Gastgeber werden Dritte. In Österreich entkommt die 18-jährige Natascha Kampusch nach acht Jahren ihrem Entführer.

1998 1999 2000 2001 2002 2003 2004 2005

1998 Gerhard Schröder wird Kanzler der ersten rot-grünen Bundesregierung. Die ersten MP3-Player kommen auf den Markt.

2000 In Hannover findet die Weltausstellung EXPO 2000 statt. Mit einer Auflage von einer Million Exemplaren startet in Deutschland „Harry Potter und der Feuerkelch".

2002 An der Elbe findet ein Jahrhunderthochwasser statt. Der Euro wird in vielen europäischen Staaten zur neuen Währung.

2004 Über 200 000 Menschen in Südostasien verlieren ihr Leben durch einen Tsunami infolge eines Seebebens. Mark Zuckerberg startet Facebook.

2005 Angela Merkel wird deutsche Bundeskanzlerin. Der deutsche Kardinal Joseph Ratzinger folgt als Benedikt XVI. dem verstorbenen Papst Johannes Paul auf den Stuhl Petri.

2011 Mit der Selbstverbrennung eines Tunesiers beginnt eine Reihe von Revolutionen in zahlreichen arabischen Staaten. Ein Erdbeben und ein Tsunami führen in Japan zur Reaktorkatastrophe von Fukushima.

2007 Die Linkspartei PDS und die WASG gründen die Partei „Die Linke". Der Orkan Kyrill verursacht in weiten Teilen Europas schwere Schäden.

2009 Die Schweinegrippe wird zur Pandemie erklärt, jedoch bald eingedämmt. Auf dem Hudson River in New York City notwassert ein Flugzeug, kurz nachdem Vogelschlag den Start beeinträchtigt hatte.

2013 Papst Benedikt XVI. tritt aus Altersgründen zurück. Sein Nachfolger wird der Erzbischof von Buenos Aires, Jorge Mario Bergoglio. Der Jesuit wählt als Papstnamen Franziskus.

2007 2008 2009 2010 2011 2012 2013 2014

2012 Die Eurokrise, insbesondere die starke Verschuldung Griechenlands, erschüttert das Vertrauen der Bürger Europas. In Deutschland werden mit jahrelanger Verspätung die Morde der rechtsextremen Terrorgruppe NSU aufgedeckt.

2014 Wir feiern goldene Hochzeit.

2008 Barack Obama wird als erster Farbiger zum Präsidenten der USA gewählt. Mit der Insolvenz des Finanzinstituts Lehman Brothers beginnt die weltweite Finanzkrise.

2010 In Chile werden 33 Bergleute verschüttet und nach über zwei Monaten lebend geborgen. In Haiti findet ein verheerendes Erdbeben statt.

Das Jubelpaar

41

50 gemeinsame Jahre
Schön war die Zeit!

◆

Wie soll man dieses Gefühl, das einen am Tag der goldenen Hochzeit erfüllt, in Worte fassen? Ein halbes Jahrhundert haben wir gemeinsam verbracht! In diesem Büchlein haben wir auf die lange Zeitspanne zurückgeblickt und uns vieles in Erinnerung gerufen. Die letzten beiden Seiten sind nun für unsere persönlichen Wünsche und Gedanken bestimmt. Was uns heute bewegt, das tragen wir in die leeren Zeilen ein. Zusammen mit Erinnerungsfotos, Gratulationen oder anderen Andenken machen sie unser Fest der goldenen Hochzeit unvergesslich.

*Hier können
Gratulant und/oder
Braut/Bräutigam ...*

*... ihre ganz
persönlichen Erinnerungen
verewigen.*

Bildnachweis:
Umschlagfoto: Popperfoto/Getty Images
Fotos aus dem Innenteil: Privatarchiv Lehmacher: S. 12, 13, 16 li., u., 17 u. re., 18, 22 u., 27 o., 30 li., 38 u. li.; Privatarchiv Habermeier: S. 7 u. re., 8 u. li., 9 o. li., u. re.; Privatarchiv Hamann S. 27 u. re.; Privatarchiv Kristen: S. 7 o. (2); Privatarchiv Schlüter: S. 9 Mi. re., 27 u. li.; Privatarchiv Zimmer: S. 7 u.; picture-alliance (im Folgenden „pa") pa/ 25 u. (2), 36 u. li., 37 o., Mi., li., 38 o. re., pa/akg-images S. 30 re., 31 (2), 34 li., pa/allOver S. 40 u. li., pa/AP Photo S. 40 o. li., pa/Aßmann S. 8 o. re., pa/augenklick/Lacy Perenyi S. 39 u. re., pa/beyond/beyond foto S. 21 re., pa/dpa S. 6 re., 8 o. li., 9 li., 10, 14, 17 re., 19 u., 23 u., 24 re., 25 o. (2), 26 li., 29 o., 32 (2), 33 re., 34 u. re,. 35 o. (2), 36 o. (2), 37 Mi. re., u. li., u. re., 38 o. li., 39 o. (2), u. li., 40 Mi. o., o. re., u. re., 41 u. li., pa/dpa/dpaweb S. 38 Mi. li., pa/Mary Evans Picture Library S. 5, pa/Foodcollection S. 21 li., pa/Fritz Fischer S. 15, pa/Geisler-Fotopress S. 41 o. re., pa/ Heinz-Jürgen Göttert S. 23 o., pa/IMAGNO/Archiv Hajek S. 16 o. re., pa/Keystone S. 13, 20 li., pa/kpa S. 12 re., pa/KPA Honorar & Belege S. 35 u., pa/KPA/United Archives S. 20 re., pa/ Helga Lade Fotoagentur GmbH, Ger S. 22 o., pa/Horst Ossinger S. 6 li., pa/PA Archive/Press Association Ima S. 33 li., pa/pa/dpa S. 26 re., pa/Photoshot S. 12 li., 41 o. li., pa/Marc Suski S. 17 li., pa/United Archives/IFTN S. 11, 24 li., 29 u., pa/United Archives/TopFoto S. 19 o., pa/ Werek S. 38 u. re., pa/ZUMAPRESS S. 34 o. re.

Bibliografische Information der Deutschen Nationalbibliothek
Die Deutsche Nationalbibliothek verzeichnet diese Publikation in der Deutschen Nationalbibliografie; detaillierte bibliografische Daten sind im Internet über http://dnb.d-nb.de abrufbar.

Es ist nicht gestattet, Abbildungen dieses Buches zu scannen, in PCs oder auf CDs zu speichern oder in PCs/Computern zu verändern oder einzeln oder zusammen mit anderen Bildvorlagen zu manipulieren, es sei denn mit schriftlicher Genehmigung des Verlages.

© 2013 Pattloch Verlag GmbH & Co. KG, München
Alle Rechte vorbehalten

Gesamtgestaltung: Atelier Lehmacher
Illustration: Michael Paetow
Projektleitung: Michaela Schachner, Pattloch Verlag
Lektorat: Franz Leipold, Sabine Ley, Pattloch Verlag
Druck und Bindung: Offizin Andersen Nexö/Leipzig GmbH, Zwenkau

Printed in Germany

5 4 3 2 1

ISBN 978-3-629-10996-5

www.pattloch.de

In dieser Reihe sind erschienen:

ISBN:
978-3-629-10985-9

ISBN:
978-3-629-10986-6

ISBN:
978-3-629-10987-3

ISBN:
978-3-629-10988-0

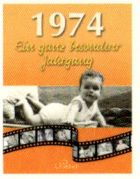

ISBN:
978-3-629-10989-7

ISBN:
978-3-629-10991-0

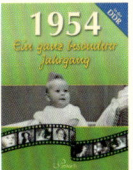

ISBN:
978-3-629-10992-7

ISBN:
978-3-629-10993-4

ISBN:
978-3-629-10994-1

ISBN:
978-3-629-10995-8

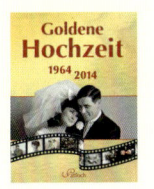

ISBN:
978-3-629-10996-5

Lösungen Rätselfragen

S. 16: Das Wort „flittern" kommt vom mittelhochdeutschen „vlittern"
– „kichern, flüstern, kosen".
S. 18: Den Gelsenkirchener Barock wollen wir nicht in unserer Wohnung haben.
S. 22: Im Jahr 1964 besteht die Arbeitswoche bereits aus fünf Tagen.
S. 30: Die Stiftung Warentest arbeitet in staatlichem Auftrag.